curiosidad por

LOS TIBURONES BALLENA

POR MONIKA DAVIES

AMICUS LEARNING

¿Qué te causa

curiosidad?

Curious About está publicado por
Amicus Learning, un sello de Amicus.
P.O. Box 227
Mankato, MN 56002
www.amicuspublishing.us

Editora: Ana Brauer
Diseñadora de la serie: Kathleen Petelinsek
Diseñadora del libro e investigadora fotográfica: Sara Hood

Library of Congress Cataloging-in-Publication Data
Names: Davies, Monika, author.
Title: Curiosidad por los tiburones ballena / by Monika Davies.
Other titles: Curious about whale sharks. Spanish
Description: Mankato, MN : Amicus Learning, an imprint of Amicus, [2026] | Series: Curiosidad por los tiburones | Includes index. | Audience: Ages 6–9 | Audience: Grades 2–3 | Summary: "Are whale sharks peaceful? Can I swim with one? Learn about one of the ocean's gentle giants in this Spanish question-and-answer book for elementary-aged readers. Translated into North American Spanish. Includes infographics, table of contents, glossary, and index"—Provided by publisher.
Identifiers: LCCN 2024052117 (print) | LCCN 2024052118 (ebook) | ISBN 9798892006880 (library binding) | ISBN 9798892007481 (paperback) | ISBN 9798892008082 (ebook)
Subjects: LCSH: Whale shark—Juvenile literature. | Whale shark—Ecology—Juvenile literature. | Whale shark—Conservation—Juvenile literature.
Classification: LCC QL638.95.R4 D3918 2026 (print) | LCC QL638.95.R4 (ebook) | DDC 597.3—dc23/eng/20241226

Créditos fotográficos: Alamy Stock Photo/CMG, 17, Duncan Murrell, 2, 9, LOOK-foto, 2, 10–11, paul kennedy, 8, Pete Oxford, 4–5, Reinhard Dirscherl, cover, 1, SeaTops, 6-7; Dreamstime/ Martin Helgemeir, 16; Getty Images/by wildestanimal, 3, 18–19, Johner Images, 12, Mathieu Meur/Stocktrek Images, 21, Samuel J Coe, 14–15, torstenvelden, 13; The Noun Project/Amethyst Studio, 22, 23, visual language, 22, zuri, 23; Vecteezy/om1947, 7

Impreso en India

1 CAPÍTULO UNO

¿Es una ballena o un tiburón?

Los tiburones ballena son conocidos por ser amigables.

¡Es un tiburón! Las ballenas son mamíferos, pero los tiburones son peces. Los tiburones ballena son los peces más grandes del mundo. Se llaman así porque su tamaño es similar al de una ballena. Pueden llegar a medir hasta 59 pies (18 metros) de largo. ¡Eso es casi lo mismo que una pista de bolos!

Los tiburones ballena son uno de los tiburones con los que es más seguro nadar.

¿Puedo nadar con uno?

¡Sí! Los tiburones ballena son enormes pero inofensivos. Los humanos a menudo nadan junto a estos gigantes dóciles. Los tiburones ballena viven en aguas cálidas. Se encuentran en todo el mundo. Es posible verlos en el océano Atlántico occidental.

Mapa de distribución del tiburón ballena

Cada tiburón tiene un patrón especial en la piel.

¿Qué tienen en la piel?

Las manchas y las rayas crean patrones en la piel gris oscura de un tiburón ballena. ¡Este patrón es único, como una huella dactilar! Este patrón puede **identificarlos**. Los científicos pueden rastrearlos por sus patrones.

Los peces rémora se adhieren a los tiburones ballena. Los limpian y se comen los restos de comida.

CAPÍTULO DOS

¿Cómo comen los tiburones ballena?

Los tiburones ballena no pueden morder ni masticar su alimento. En cambio, se alimentan por **filtración**. Abren su boca ancha y engullen el agua del océano. A medida que el agua fluye por su garganta, un **tejido** con pequeños orificios atrapa su alimento. El agua restante sale por las **branquias** del tiburón.

Los tiburones ballena suelen cazar solos.

¿SABÍAS QUE...?

Un tiburón ballena pasa ocho horas al día bebiendo alrededor de 10,000 galones (37,854 litros) de agua del océano para obtener suficiente alimento.

Los tiburones ballena se alimentan principalmente de **plancton**.

¿Qué comen los tiburones ballena?

El plancton es el principal alimento de los tiburones ballena. A veces, los tiburones ballena también comen peces pequeños, como sardinas. Pueden llegar a ingerir hasta 90 libras (41 kg) de alimento al día. ¡Algunos tiburones se desplazan lejos para saciar su **apetito**!

Algunos plancton son demasiado pequeños para poder verlos. Los tiburones ballena nadan con la boca abierta para atrapar aestos diminutos animales.

¿Qué distancia recorren los tiburones ballena?

Los tiburones ballena recorren largas distancias para encontrar plancton.

Depende del tiburón. Algunos tiburones ballena se quedan cerca de sus aguas de origen. Pero otros recorren miles de millas en un año. ¡Un tiburón ballena recorrió 12,000 millas (19,312 km) a través del océano Pacífico!

¿SABÍAS QUE...?

Los tiburones ballena se desplazan a velocidades lentas. ¡Recorren aproximadamente 3 millas (4.8 km) por hora!

CAPÍTULO TRES

¿Cómo nacen las crías de tiburón ballena?

A veces, las crías de tiburón ballena nadan junto a los barcos.

Las crías de tiburón ballena nacen de huevos y **rompen el cascarón** en el interior de la madre. Las madres dan a luz a crías vivas. Una vez nacidos, los tiburones ballena tienen que arreglarse solos. Deben cuidar de sí mismos sin la ayuda de su madre.

Los tiburones ballena son animales curiosos. Suelen acercarse a los humanos.

¿Cuánto tiempo viven los tiburones ballena?

El tiburón ballena crece lentamente. Tarda 30 años en convertirse en adulto.

Nadie lo sabe con certeza. El tiburón ballena más viejo que se conoce tenía 50 años. Pero algunos investigadores creen que pueden llegar a vivir más de 100 años. Otros creen que pueden llegar a los 150 años.

¿Los tiburones ballena están en peligro de extinción?

Sí. Los tiburones ballena son los gigantes dóciles del océano. Su lista de enemigos es corta. Pero su número está disminuyendo. Los humanos los cazan como alimento. Algunos tiburones quedan atrapados en las redes de pesca. Ahora es ilegal capturar tiburones ballena.

¿SABÍAS QUE...?

Algunos científicos creen que solo 1 de cada 10 tiburones ballena llega a la edad adulta.

Muchos países ayudan a mantener seguros a los tiburones ballena.

HAZ MÁS PREGUNTAS

¿Dónde se encuentran habitualmente los tiburones ballena?

¿Qué otros tiburones se alimentan por filtración?

Prueba con una PREGUNTA GRANDE: ¿Cómo pueden los humanos cuidar a los tiburones ballena?

BUSCA LAS RESPUESTAS

Busca en el catálogo de la biblioteca o en Internet.
Pueden ayudarte tus padres, un bibliotecario o un maestro.

Usar palabras clave
Busca la lupa.

Las palabras clave son las palabras más importantes de tu pregunta.

?

Si quieres saber sobre:

- la distribución de los tiburones ballena, escribe: OCÉANOS DE LOS TIBURONES BALLENA
- qué tiburones se alimentan por filtración, escribe: TIBURONES QUE SE ALIMENTAN POR FILTRACIÓN

GLOSARIO

apetito Un deseo físico de comida.

branquia Órgano que tienen los peces y que se utiliza para obtener oxígeno del agua.

filtración El proceso utilizado para atrapar algo y separarlo de un líquido mientras este pasa a través de un filtro.

identificar Mostrar qué es algo.

plancton Vida animal y vegetal muy pequeña en un océano, lago o río.

romper el cascarón Nacer al salir de un huevo.

tejido El material que forma las partes de un animal.

ÍNDICE

Acerca de la autora

Monika Davies es una autora canadiense que ha escrito más de 60 libros para lectores jóvenes. Cree que los tiburones son fascinantes, ¡y espera que tú estés de acuerdo con ella! Cuando Monika no está escribiendo, la puedes encontrar paseando por la orilla del mar, leyendo libros demasiado rápido o intentando mantener con vida sus siete plantas.